孩子读得懂的元宇宙

③ 一起来创造

于欣媛 著 汤二嬷 绘

北京理工大学出版社
BEIJING INSTITUTE OF TECHNOLOGY PRESS

图书在版编目（CIP）数据

孩子读得懂的元宇宙 : 全3册 / 于欣媛著 ; 汤二嬷绘. -- 北京 : 北京理工大学出版社, 2023.8

ISBN 978-7-5763-2291-0

Ⅰ.①孩… Ⅱ.①于… ②汤… Ⅲ.①信息经济—青少年读物 Ⅳ.①F49-49

中国国家版本馆CIP数据核字（2023）第066746号

出版发行 / 北京理工大学出版社有限责任公司
社　　址 / 北京市海淀区中关村南大街 5 号
邮　　编 / 100081
电　　话 / （010）68914775（总编室）
　　　　　 （010）82562903（教材售后服务热线）
　　　　　 （010）68944723（其他图书服务热线）
网　　址 / http://www.bitpress.com.cn
经　　销 / 全国各地新华书店
印　　刷 / 三河市金元印装有限公司
开　　本 / 787 毫米 × 1092 毫米　　1/16
印　　张 / 11.5　　　　　　　　　　　　　　　　　责任编辑 / 陈莉华
字　　数 / 123千字　　　　　　　　　　　　　　　文案编辑 / 陈莉华
版　　次 / 2023 年 8 月第 1 版　2023 年 8 月第 1 次印刷　责任校对 / 刘亚男
定　　价 / 69.00元（全3册）　　　　　　　　　　　责任印制 / 施胜娟

目 录

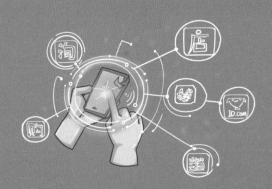

1

所有人都是
小天才!
——多元化

前面我们已经说了元宇宙八大要素中的五个:

身份、朋友、沉浸感、低延迟、随地性。

接下来,我们要谈一个在元宇宙中不容忽视的概念和元素——

多元化。

要理解"多元化"的含义，首先要从"单元化"说起。

单元化与多元化，是两个相对的概念，

也都包括"元"这个字。

这里的"元"，

可以理解成每一个个体。

在元宇宙中，一个人是一个个体，

一栋建筑是一个个体，

一朵云是一个个体，

一只鸟也是一个个体……

我们也是"元"！

现在我们能看到的大部分虚拟世界

（比如网络上的电子游戏世界、VR 设备创造的虚拟空间），

都是单元化的世界。

虽然在这些世界中有许许多多的个体，

也就是有许许多多的"元"，

但它们大多来源于同一个"元"作者——

网游世界中的一草一木，

其造型来自游戏厂商的建模师提供的模型；

VR 设备模拟出的房屋、家具，

来源于设计 VR 场景的设计师。

它们的内容都是被规定好的、

来自同一创作者的、单元化的创意。

人们把这种来自专业的、
固定的创作者的内容生产模式（或者说个体创造模式）
称作"PGC"（Professional Generated Content 的缩写），
对应的就是单元化的内容生产。
而在元宇宙中，每一个个体（也就是"元"）的创造，
都不仅仅由这些固定的、单一的作者来实现。
这时，你可能就会问：那还要由谁来实现和创造呢？
答案就是：由元宇宙的每一个用户——
也就是你，来创造。

之前我们说过，
在元宇宙中，
每个用户都将有自己的个人定制化"化身"。
你能决定自己在元宇宙中的
样貌、体形甚至声音。

这些仅仅是对你自身轮廓的"定制"，
而实际上，在元宇宙中，
你能定制几乎一切你想要的东西——
一条会"喵喵"叫的小狗、随时弯腰再挺身的楼房，
也能种出一片会说话的植物花海。

元宇宙不仅会赋予在看这本书的你"创造"的能力，
也将把这种能力赋予进入元宇宙中的任何一个用户——
只要进入了元宇宙，所有人都将具备创造"元"的能力。
人们将这种不依赖单个创作者、不依赖专家，
而依赖每一个用户的内容生产模式
称作"UGC"（User Generated Content 的缩写），
它对应的就是多元化的内容生产。

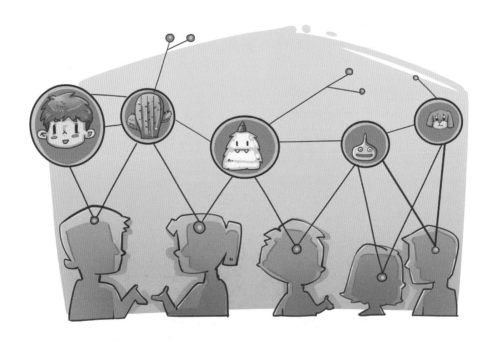

所以，元宇宙并非是单调的、
由固定的创作者决定内容的世界，
而是一个由所有用户共同用自己的创意
去丰富的世界。

今天，你在元宇宙中看到一幢有着绝妙设计的楼房，
它可能来自你同班同学的创意。
明天，你在元宇宙中偶遇了一匹踩着彩虹奔跑的独角兽，
它可能来自你隔壁桌女同学的创意。

未来，元宇宙的多元化特性将体现在这个崭新世界的每一处。

来自不同用户设计的游戏玩法，

来自不同用户赋予其奇特功能的道具，

来自不同用户创造的特殊角色等。

在元宇宙中，用户的创意将得以实现，

这些精彩的创意内容也将让这个世界源源不断地发生新变动，

表现出无比丰富的形态。

2

大家都要
公平交易！
——经济系统

来源于 PGC（专业化内容生产模式）和
UGC（多元化内容生产模式）的创意产物
将会在元宇宙中不断地产生和增殖。
而这些产物，必然会有它们的价值。

如果你设计出了一只功能强大、
外形好看的机械犬，
元宇宙中的其他用户便会产生
想要从你手中购买这只机械犬的欲望。
当其他用户认可了你在元宇宙中的造物，
并想要获得它时，
这个造物就具备了一定的交换价值。

而人们要支付多少"钱"来购买这只机械犬呢?

现实世界中的钱能不能在元宇宙中使用呢?

如果不能,元宇宙中的"钱"又从哪里来呢?

还有,要如何公平地进行交换呢?

这就是我们接下来要讨论的、

元宇宙具备的又一个特性——崭新的经济系统。

无论在现实世界，还是元宇宙中，
当一个物品具备了交换价值时，
它就具备了"商品"的属性。

对于商品而言，当人们想要交换它时，
就需要有衡量其价值的标准——
它的价值是高是低？
它能卖出怎样的价格？
而元宇宙世界里的商品都是由数据构成的，
它们是"数字商品"，而并非物质商品。
这些数字商品的价值衡量标准、
交换方式都将不同于现实世界。

在现实世界中，人们规定，在中国使用人民币进行商品交易，
在美国则使用美元进行商品交易；
一台新款手机的价钱往往会定得比旧款手机高，
而科技含量高的手机也往往比普通手机更加值钱……
这些，都是由现实世界中的经济系统决定的交易规则、
交换方式和价值衡量标准。

所以，在元宇宙中，
想要创建公平自由的数字商品交换环境，
就需要有一套新的经济系统。

经济系统，
你在哪里！

元宇宙的
经济系统

元宇宙的经济系统应该是怎样的呢？

在现实世界中，人们进入商场能买到各式各样的商品，

庞大的商品种类和数量使人们"有东西可买""有东西可卖"，

最终产生了规模巨大的交易——显示世界中人人都在"做买卖"，

经济系统才会形成。

所以，在元宇宙中，要想形成经济系统，

首先必须要有足够的可交易（或者说交换）的数字商品。

如果在元宇宙中，

人们无法创造出令他人有购买欲望和交易想法的东西，

那么那些令人提不起兴趣的东西就只是一堆没有交换价值的数据，

人们根本不想交换它们，自然也就无法形成数字商品。

而没有交换、没有交易、没有商品，

自然也就没有经济系统。

这是我们最好的车，价值 500 万！

我是有钱，但又不是傻子！

所以，
让用户能够在元宇宙中创造出大量独具特色的、
能引起他人购买欲的数字商品，
是元宇宙经济系统的基础。
赋予用户创造的能力，
是构建元宇宙经济系统的第一步。
针对这一步，
许多元宇宙的开发者都在做出创新的尝试。

这些新颖的东西才是
我们真正想要的！

提出元宇宙八大特性的 Roblox 公司研发了用户创作平台，
这个平台给用户提供了大量的创作元件素材：
各种各样的建筑材质、各式各类的人物设计区块……
用户通过对这些素材的反复组合和细节化定制，
就能够创作出属于自己的、精美的创意内容。
每个产出的造物都与他人的有所区分。

Roblox 公司创始人
兼 CEO 大卫·巴斯祖奇

国内企业开发的元宇宙创作社区"元境界"，

为用户提供了 3D 空间编辑器和上千个模型摆件，

让用户能够自由地增删、调整创作场景。

"元境界"搭载的"捏脸"系统还让用户能够造出非常细致化的人脸，

那些被捏得很好看的人脸往往能在这个社区内卖出一个好价钱。

在"元境界"里，

用户还可以利用成千上万款的服装搭配组合出专属风格的众多流行设计，

甚至出现了虚拟的"潮流品牌"。

人们愿意为这些设计花钱，有时还会出现"一设难求"的情况。

B&B   经典   古意

潮流   Go

有了来自用户的、数量充足的数字商品后，
想要在元宇宙中进行交易，则需要有专门的"数字市场"。

就像在现实世界中，人们想要购买商品，
往往会打开淘宝、京东、拼多多这样的交易市场平台进行交易。
在元宇宙中，
也需要有类似的平台提供相应的交易市场。

如果只有商品，没有市场，对于买家来说，
就会出现这样的状况：
想要买东西，但不知道有什么商品可买；
想买某个东西，但不知道谁在卖。

而对于卖家来说，就会出现这样的状况：
想要卖东西，但不知道去哪里能卖；
想要卖东西，但不知道谁想买。

所以，元宇宙中应该有提供交易信息和交易平台的"数字市场"，
让买家能通过这个市场买到需要的东西，
提升购买欲望，更多地进行消费；
让卖家能通过这个市场展示自己的数字商品，
卖出手中有交换价值的造物，
使元宇宙中的用户更频繁、更便利地进行交易，
让商品在用户之间灵活地流动。

买家

只有在市场中产生了频繁的交易，
元宇宙中才会有可持续的经济发展。

卖家

2018 年，人们创造了名为
"DEX"（Decentralized Exchange，"分布式交易平台"的缩写）的数字市场，
供用户在其中进行交易。
它不将用户资金和个人数据存储在服务器上，
而只是作为一种基础设施来匹配希望买卖数字商品的买家和卖家。
在匹配引擎的帮助下，
这种交易直接发生在买卖的参与者之间。
而这只是人们探索数字市场的初步尝试。
未来，将会有更便捷的数字市场，
使元宇宙的用户能够更加便捷、自由地进行交易。

有了数字市场，就需要有特殊的"元宇宙钱"
作为市场交易的中介物来使交易准确、公平地进行。

用户需要"元宇宙钱"来确定每个造物的价格，
表示对这个造物价值的共同认可。
这种"元宇宙钱"，就称为"数字货币"。

这是来自 2000 年前的元宇宙货币，价值 100000000 万！

元宇宙货币

在现实世界，
人们使用的货币（比如人民币、美元、英镑等）
是由银行发行的实体，
由银行中心记录货币的总体数量、
统计货币的流通情况。

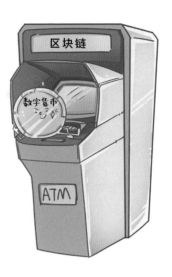

而在元宇宙中，
用户使用的数字货币是数据，并非实体。
它的存在，依赖于一项特殊的技术——
区块链技术。

我们可以把区块链技术理解成一种
"把账本分给每一个用户"的技术。

在一个用户进入元宇宙时，
区块链技术会自动给这个用户发放一个账本——
这个账本会随时记录这个用户用了多少"钱"（也就是数字货币），
存了多少"钱"。
当然，这个账本也只是数据，不是实体。

在这个账本里，
存下了用户的数字货币交易记录。
如果一个用户拥有数字货币，
就意味着在他的账本里
可以找到与他相关的交易记录。

通过查询每个用户账本上的交易记录，
就可以计算出每个用户拥有的
数字货币数量。

这样，人们就实现了不需要银行中心也能拥有数字货币的方法。

所以，人们常说区块链技术是一种"去中心化"技术。

区块链技术衍生出的
数字货币不需要有专门发行货币的单位，
甚至没有实体也可以存在——
它们就储存在用户的账本里，
以数据的形式分散在每个用户的交易记录中。

当用户交易时，
区块链技术只需要在买家的账本上添加一条
"扣除数字货币××元"的数据，
然后在卖家的账本上添加一条"增加数字货币××元"的数据，
甚至不需要用户掏钱或是扫码，
交易便轻而易举地完成了。

这种基于区块链技术产生的数字货币，
为用户在元宇宙中的交易，
提供了去中心化的、便捷的交易中介物。

各式数字货币

未来的元宇宙使用的数字货币，会是它们之中的一个吗？

当下，
已经有使用区块链技术的数字货币诞生，
这些数字货币被赋予了
"比特币""彩色币""以太币"等不同的名称，
它们运用的记账和计算技术或许不同，
但都是由区块链作为底层技术支撑的。

你叫什么呀？
最新的数字货币！

你猜！

数字货币

就像每种货币都会有自己的名称
（比如中国的货币叫人民币，美国的货币叫美元），
在未来，
元宇宙中的数字货币也会有名称和对应的特殊形态——
而具体它们会叫什么名字，
还没有定论。

充足的数字商品为元宇宙提供了市场的基础，
便捷的数字市场为元宇宙提供了交易的信息与场所，
智能的数字货币为元宇宙提供了准确的价值标准和足够的交换手段。

基于这样由数字商品、数字市场、
数字货币形成的市场、交易、价值体系，
元宇宙中将诞生崭新的经济系统，
用户也将在这个经济系统中，
通过经济活动使元宇宙更加繁荣、鲜活。

3

大家共同建设!
——新的文明

让我们回过头来看看已经说到的
元宇宙的七个特性:
身份、朋友、沉浸感、低延迟、
随地性、多元化、经济系统。
当元宇宙具备了这七个特征后,
便已经是一个精彩纷呈的世界:
迥然不同的各式化身随时随地
穿梭在数据空间中,
化身与新世界中的伙伴
在世界各处交流玩耍,
充满创意的新造物
不停在用户掌间诞生。

在这样一个崭新的世界中，新的文明图景也将显现。

在元宇宙中，时间的界限被打破，

历史可能反复重演，死去的虚拟生物也可能反复复活；

空间的限制被解除，人们可以肆意地出现在任何地方，

不再受到交通的限制，甚至可以自己造出道路与桥梁。

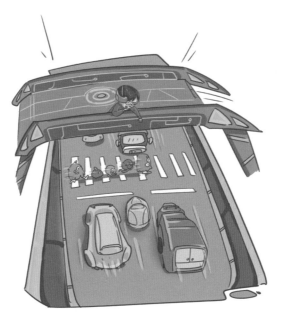

人们的生活方式将会与在现实世界完全不同。

当你想要旅行时，只需进入元宇宙的名胜景点，

便可身临其境地来一段自由漫步；

当你感到寂寞时，

只需跨入交友平台，相似爱好的友人便会蜂拥而至；

当你想要与家人拥抱时，

只需将自己的化身登录在家人的化身身边，便可以享受家庭的温暖。

人们的学习方式将会与在现实世界完全不同。

当你需要学习踢足球时，不再需要等待体育老师或观看大量视频，

元宇宙中的 AI 会辅导你如何运球、射门，

模拟出每一个动作产生的足球运动轨迹。

当你需要学习历史时，不再需要枯燥地苦读课本，

元宇宙中生成的历史场景将会带你进入曾经的世界，

让你与历史名人面对面，亲身经历他们所经历的。

人们的工作方式将会与在现实世界
完全不同。

元宇宙将为人们提供沉浸式的
事务办理工作室、24 小时随时接入连
接的会议室，
使大人们获得极其便捷高效的
工作参与体验。

从事设计工作的人能够从元宇宙中
不断调取或购买创意内容，
从事生产工作的人们能够提前在
元宇宙中以数据的形式预见到生产的结果。

更重要的是，

元宇宙也将为全人类提供跨越国界、跨越语言和民族的沟通桥梁。

在未来元宇宙的主要引擎中，将搭载智能化翻译系统，

让使用不同语言的人能够自在地相互交流。

比如，在你进入元宇宙后，遇到了一位英国男孩，

当你对他说"你好"时，

元宇宙搭载的智能语音识别系统便会将这句话识别出来，

并通过翻译系统立即翻译成"Hi"，传送到那位英国男孩耳中。

在电影《头号玩家》中，
当人们进入元宇宙"绿洲"后，
便可以随心所欲地定制自己的
种族、肤色、身高、相貌，
当人们变为"化身"时，
便已经消除了与他人在外形上的隔阂。
而当元宇宙中的语音识别和翻译系统生效时，
人们与他人在语言上的隔阂也随之消失。

在元宇宙世界里，
来自美国的超级英雄可以和来自日本的忍者畅聊无阻，
共同执行任务，
共同在"绿洲"中赚取"点数"（这部电影里的"数字货币"），
共同用赚到的钱把酒言欢。

在这个取消了种族隔阂和地域歧视的世界里，

人们想要达成的目的也会改变。

各种肤色的人们都会聚集在元宇宙这个广阔的世界当中，

一起创造出自己想要的世界。

在这里，孩子们将跟随老师一同探讨宇宙和生命，

大家可以在云智能数据课堂上看到并触摸到可爱的小猫、

潇洒的老鹰、辽阔的海洋和美丽神秘的森林等。

而大人们则可以在这里实现自己长久以来无法实现的梦想——

面朝大海，翱翔天空，丛林探险……

在元宇宙世界里，大家都会变得非常聪明。
由未来元宇宙智能研发出的知识芯片能够
直接将知识变成数据储存在人的大脑里，
大家再也不需要重复无聊的背诵过程。

在知识芯片的帮助下，
我们将无所不知，无所不晓。
我们只需要学会应用芯片中的知识就可以了。

元宇宙世界的未来将充满各种各样的惊喜。

在这里，我们能够通过智能数据模拟出我们想要吃的食物。

当我们在数据中搜索"面包"时，

智能数据就能根据我们的要求创造出一块面包，

同时还能搭配出各式各样的调料和酱汁；

我们也能利用元宇宙数据给自己定制喜欢的衣服，

而完成这一切仅仅只是一瞬间的事情。

人们的想法和愿望都能通过元宇宙实现。

在元宇宙的世界里，人们可以住在由自己利用智能数据创造出的房子里，

可以按照自己的想法当一个超级英雄、警察、宇航员、法官、律师……

人们可以随时随地去看想看的风景，去做想做的事情，

人们都将自由自在地生活，衣食住行将不再是人类的烦恼。

地球的环境将在未来变得越来越美好、整洁。

在元宇宙技术诞生后，我们的地球将会因为它而变得山清水秀：

天更蓝了，空气越来越清新，垃圾也消失了；

因为元宇宙知识芯片的广泛使用使大家都知道保护环境了；

在城市的夜晚，久违的繁星在天上闪闪发光。

人们将自由自在地呼吸着新鲜空气，

在大自然中和小动物们友好地玩耍。

在不久的将来，
我们能够通过元宇宙技术进行空间旅行。
当我们想要去月球时，
只需要搭乘由智能芯片控制的数据模型火箭
就能体验到真实的空间之旅。

同时，智能设备将为我们创造一个无比真实的月球，
那里有真实的陨石坑、真实的月球重力、真实的月尘，
以及真实的宇宙空间。
我们只需要轻轻一跃，系统就能根据我们用的力和月球的引力
为我们计算好跳跃的轨道和距离，
并且精准地控制我们腾空和下落的时间。

在未来，

我们能够使用搭载了智能数据芯片的设备

随时随地创造出自己想要的东西。

当我们需要一支笔的时候，

只需要在控制中心输入"笔"，

它就能用数据构建出一支笔出来；

想要什么，就用数据构建什么。

当我们需要一条项链时，

只需要输入项链的模样，

就能够得到一条由自己定制的项链。

当我们想要了解一段过去的历史时，
只需要通过智能设备调整好自己想去的时代，
就能在一瞬间到达。

例如，一个小男孩想要看看真实的唐太宗，
那么智能数据就会将他传送到唐朝的太极宫，
他将看到历史上大名鼎鼎的李世民。

4

一起来
创造元宇宙吧!

好啦,
我们已经了解了元宇宙的构成、
特点还有作用,
那么它在现实中的发展情况到底如何呢?
让我们一起去看看吧!

在现实里,
如果要完全创造一个全新的事物,
就需要先搭建好它的概念。
就像搭积木一样,
总是要先搭好最下面的部分,
元宇宙也是如此,
它的概念就像是积木中最下面、
也最重要的那一层。

最开始，底层"积木"有很多，
比如之前提到的《雪崩》和"第二人生"等，
它们帮助人们最初理解了元宇宙的概念，
而在"Cybertown"（赛博小镇）这款电子游戏中，
人们可以通过数据来设定自己的形象，
并用自己设定的形象和别人交流，
可以自己决定自己的虚拟形象穿什么款式的衣服，
也可以决定衣服的颜色，还能自己设定长什么样的脸。

当我们在赛博小镇中设定好自己的形象之后，
就能在这款游戏中和其他玩家交流了。
我们可以与其他玩家共同收集资源、升级建筑，
来提高城市生活质量，
还可以和他们一起分享城市建设经验，交流心得体会，
甚至还可以组队去参加城市竞赛，争夺荣誉与奖励！
这款风靡一时的游戏也使元宇宙的概念广泛传播。

变身

但如果只是拥有一个自己设定的形象，

以及用这个形象和别人交流的话，

这样的概念还远远算不上是元宇宙。

同样是在赛博小镇里，有一种重要的游戏风格叫作"赛博朋克"，

这种风格就是元宇宙实现后的样子啦！

在赛博朋克的世界中，

许许多多设备有着高度发达的人工智能系统，

能够帮助我们解决日常生活中的许多问题。

例如，搭载了人工智能的机器人具有帮助

我们做家务、协助我们完成工作，

以及教会我们知识等意想不到的功能。

除高度发达的人工智能外，
元宇宙还需要利用"智能数据"将这一切变成我们可以接触到的东西。
这时，我们就需要将之前设想好的东西用数据实实在在地搭建起来。
你有没有玩过模拟经营游戏呢？
元宇宙搭建好的世界就如同进入了一个模拟经营游戏一般，
例如，在 2003 年出品的电子游戏"第二人生"中，
有许许多多人梦想得到的东西，
比如一栋漂亮的房子、许多有趣的玩具和各式各样的游乐方式，
而这些都将在未来的元宇宙世界中供我们享用。

人们搭建好元宇宙世界以后，

就在近十年，

也在元宇宙中成功搭建了经济系统。

2012—2013 年，

彩色币（Colored Coins）终于在比特币区块链上发行，

这标志着人类向着元宇宙经济系统的建成迈出了一大步，

也意味着建成元宇宙的一个重要框架——

非同质化通证（NFT）正式出现。

这个 NFT 到底是什么呢?

简单来说，它就是我们在元宇宙世界里证明自己身份的"身份证"。

有了它以后，我们才能拿到我们需要的数字货币，

才能在元宇宙世界里买卖东西、进行交易，

才能使用各种各样的功能为我们提供便利。

这对于我们在元宇宙世界中的生活至关重要。

现在，人们为元宇宙已经做好了各式各样的准备工作。

让我们把目光投向最近两年。

2020 年 4 月，

著名说唱歌手特拉维斯·斯科特和音乐人棉花糖（Marshmello）

在电子游戏"堡垒之夜"中开了一场在线演唱会，

峰值观看人数突破 3000 万。

大家使用自己创作的虚拟形象在游戏数据搭建的场景中狂欢，

共同享受着动人的歌声，

这可是只有在元宇宙的概念中才能实现的哦！

在世界范围内，

元宇宙的概念和相关技术都非常火热。

众多的学者和企业都关注着元宇宙领域的发展。

我们中国在元宇宙领域中的发展和创新也不容忽视。

你平常看动画片吗？

就在 2021 年，

动画《刺客伍六七》联合大名鼎鼎的阿里巴巴公司

（就是发明了"淘宝"的那个公司！），

发布了一款新的元宇宙"皮肤"——

在手机里加载好这款皮肤以后，

人们使用 NFT 付款时，

就可以看到自己喜爱的角色

以 3D 的形象活灵活现地出现在手机里。

2D 变 3D！

在阿里巴巴公司率先涉足元宇宙领域之后，
中国的互联网领军企业腾讯（就是发明了"微信"和"QQ"的那个公司！）
紧随其后，也开发出一个能使用 NFT 交易的 APP——幻核。
这款 APP 在 2021 年 8 月 2 日正式上线，
其中收录了包括著名导演李安、法律名师罗翔的
人生访谈以及各种各样的优秀传统文化作品。

与传统数字商品不同的是，
当我们通过幻核 APP 购买了自己想要的元宇宙商品之后，
它就能通过 NFT 永久保存，成为元宇宙世界的一部分。

在阿里巴巴和腾讯之后，首个景区元宇宙研究中心——
由国家注资建立的张家界元宇宙研究中心于 2021 年 11 月 18 日诞生。
这是一个开发元宇宙旅游的研究中心，
除利用设备让用户能够进入虚拟世界中游览外，
这个研究中心还在开发将虚拟世界直接搬到现实世界中的技术。
在这里，漫步于元宇宙的旅游梦将一步一步变成现实。
元宇宙的世界正在变成一种景观走向我们。
中国的大美河山，欧洲的精致小镇，美洲的辽阔原野……
未来，人们都能在元宇宙空间中随时随地地游览。

著名企业百度
（就是"百度一下，你就知道"那个！）
也不甘落后。
2021 年 12 月 27 日，
百度发布了自己的元宇宙产品——希壤。

希壤是一个融入了中国元素、
中国风景和中国文化的多人互动元宇宙空间。
在这里，每个人都有自己的虚拟形象，
人们可以逛街、听会、交流、看展；
当我们戴上耳机，打开话筒时，
就能够在楼阁、园林等场所中和许多人自由自在地交流。

从概念到电子游戏，

从支付平台到 APP，

再到已经被搬进现实的景观，

每一步都让人类更加接近真正的元宇宙时代。

元宇宙的世界已经向我们揭开了它的神秘面纱。

这个身处未来的全新世界是否让你心动了呢？

从 20 世纪末开始，元宇宙的概念就已经在人类的脑海中；

今天，元宇宙正在一步一步实现。

相信在不久的将来，我们能够在元宇宙的智能世界里尽情遨游。

让我们一起来创造元宇宙吧！

大家一起冲啊！

关键词大揭秘

多元化 • 指丰富、多样的不同元素之间相互结合、融合的一种状态。在元宇宙领域，多元化指虚拟世界中含有不同的文化、风格、观念等，以满足人们对于虚拟现实体验的多方面需求。

UGC • "用户生成内容"的英文缩写，就是指用户的原创内容。这些内容可以有各种各样的形式，比如视频、音乐等。UGC 常与元宇宙相关联，因为元宇宙提供了共享内容的平台，使得任何人都有机会创造、分享自己的内容。

经济系统 • 简单来说，经济系统就好像一个巨大的商业游戏，包括了所有的生产、交易和消费等活动。在经济系统中，人们通过买卖物品和服务创造、交换价值。

Roblox • 一个以创意玩乐为主题的游戏平台，玩家可以在里面创建和分享自己的游戏和体验。这个平台不仅提供各种游戏，还允许玩家设计自己的虚拟世界，并与其他人互动。

数字商品 • 数字商品是以电子或数字形式存在的商品，如电子书、游戏等。这些商品可以通过互联网进行传递和交易。数字商品的出现使元宇宙中的交易成为可能，最终催生出元宇宙中的经济系统。

数字货币 • 在虚拟世界中使用的一种数字化资产。这种货币不受国家政策和监管制度影响，可以在元宇宙中购买、交易或租用虚拟商品和服务。它依靠区块链技术，支撑起元宇宙中的经济系统。

芯片 • 在元宇宙领域，芯片是指用于存储和处理虚拟世界数据的微型电子器件。这些芯片可以嵌入虚拟现实设备中，提高设备的处理速度和性能，也可以用于创建人工智能助手、智能家居等智能设备。

NFT • "非同质化代币"的英文缩写，指一种独特的、不可替代的数字资产，例如虚拟艺术品、游戏物品等。每个 NFT 都有自己的唯一标识符，可以用来证明"这个资产归我所有"。NFT 所代表的资产是不可复制的，因此具有巨大的价值。

赛博朋克 • 赛博朋克是一个科幻文化流派，描述了高度先进的技术与荒废的社会相结合的未来世界。在元宇宙中，赛博朋克常常被作为一个代表未来虚拟现实的风格主题，以机械生物、射线感等高科技元素为特点。

翻译系统 • 元宇宙中的翻译系统是一种人工智能技术，可以将不同语言的信息进行实时翻译，从而方便交流。依靠翻译系统，用户可以跨越语言和文化壁垒，与世界各地的人自由交流。